cembre 1607.

EDICT DV ROY

PORTANT CREATION
de vingt Conseillers, Notaires &
Secretaires de sa Maiesté, maison &
couronne de Fráce, pris de ceux qui
ont esté cy deuát employez és estats
de sa maison de Nauarre, seruans a-
ctuellement, & payez de leurs gai-
ges.

A PARIS,

Chez FEDERIC MOREL, Impri-
meur ordinaire du Roy.

M. DC IX.

Auec Priuilege de sa Maiesté.

ENRY par la grace
de Dieu Roy de Fran-
ce & de Nauarre, A
tous preſens & adue-
nir, Salut. Encores
que par nos lettres pa-
tentes en forme d'Edict donnees à Paris au mois de Iuillet dernier , & pour
les cauſes & conſiderations y côtenuës,
nous ayôs par l'aduis de noſtre Conſeil,
vny au domaine de noſtre couronne,
tous les Duchez, Contez, Vicomptez,
Baronnies & autres terres & Seigneuries de noſtre ancien domaine, tenuës
& mouuantes d'icelle, & que par ce
moyen les officiers de noſtre maiſon de
Nauarre demeurent comme inutils, la
function & l'exercice de leurs charges
& offices leurs eſtans oſtez & retranchez, ſi eſt-ce que noſtre intention n'a
point eſté de mettre en oubly les bons
& aggreables ſeruices qu'ils nous ont
rendus auant, & depuis noſtre aduene-
ment à la couronne, tant en leurſdites

charges qu'en plusieurs autres occasiõs, esquelles ils nous ont tousiours tesmoigné beaucoup d'affection & de fidelité au bien de nos affaires & seruice, mais au contraire de leur donner subiect de contentement autant qu'il nous sera possible, soit par recompense ou autrement, en sorte qu'ils n'ayent aucune occasion de plainte, ains de cõtinuer leur mesme affection & fidelité : entre lesquels officiers nous auons iugé & estimé estre à propos de pouruoir à present aux Secretaires de nostre maison de Nauarre, & ancien domaine vny, en les faisans & creans nos Conseillers, Notaires & Secretaires, maison & couronne de France, aux mesmes gages de trois cens liures chacun par an, à prendre sur la mesme nature de deniers que celle de laquelle ils estoient payez auãt ladite vnion, & leur accordant l'entree au seau & contre-roolle de nos grande & petite Chancelleries, sans toutesfois qu'ils puissent pretendre aucune participation aux esmollumens dudit seau, & en outre les faire iouyr du priuilege de vingt annees, duquel iouyssent tous

nos autres Secretaires, maiſon & couronne de France, à commencer du iour
& datte de leurs lettres de prouiſion,
expediées en noſtre Châcellerie de Nauarre, & generallement de tous les pre-
uileges, droits, franchiſes, libertez, au-
ctoritez, immunitez, pouuoirs, prerogatiues, & functiõs dont iouyſſent, & ont
accouſtumé iouïr, tous leſdits Notaires
& Secretaires, Maiſon & Couronne de
France: En quoy faiſant les autres Colleges de nos Secretaires ne ſont aucunement intereſſez, ains reçoiuent à cauſe de l'vnion de noſtredict ancien domaine, & de la grande eſtenduë des terres d'iceluy, beaucoup d'vtilité tant en
l'augmentation de leurs functions que
des emolumens du ſceau. POVR CES
CAVSES & autres conſiderations à ce
nous mouuans, apres auoir eu ſurce l'a-
uis de noſtre Conſeil, Auons de noſtre
certaine, ſcience plaine puiſſance & authorité Royal, par ce preſent noſtre E-
dit perpetuel & irreuocable, creé, erigé
& eſtably, creons, erigeons & eſtabliſſons en tiltre d'offices formez, le nombre de vingt nos Conſeillers, Notaires

& Secretaires, Maiſon & Couronne de
France, pris de ceux qui ſe trouueront
cy deuant employez és eſtats de noſtredite Maiſon de Nauarre, & qui ſont
payez, & ſeruent actuellement, aux gai-
ges de trois cens liures chacun par an,
dont ils ſeront payez ſur toutes natures
de deniers , & ſpecialement ſur ceux
qui prouiendront de noſtredit ancien
domaine vny par les Threſoriers &
Receueurs qui en feront les receptes,
ſans qu'il en puiſſe eſtre faict diuertiſſe-
ment au preiudice dudit nombre de
vingt nos Conſeillers, Notaires & Secretaires, Maiſon & Couronne de Frã-
ce, pour iouïr par iceux de tous & chacuns les droits, profits, reuenus & eſ-
molumens, priuileges, honneurs, authoritez, prerogatiues, preeminences,
franchiſes, libertez, exemptions, immunitez, droicts d'hoſtellage & functions appartenans auſdits offices, auec
pouuoir de faire toutes ſortes d'expeditions, ainſi que tous nos autres Secretaires, voulons auſſi que la reſignation
de leurſdits offices ſoit admiſe ſans
paier aucune finance toutesfois & quã-

tes qu'ils s'en voudront demettre, qu'ils iouïssent du priuilege des vingt annees à commencer du iour & datte de leurs prouisiõs expediees en nostredite Chãcellerie de Nauarre, & qu'ils ayét droict d'entree en nos grande & petites Chancelleries, assistence au sceau & en toutes assemblees & Colleges de nosdits Notaires & Secretaires. Et par priuilege special, encores qu'ils n'ayent aucune participation aux bourses & esmolumens dudit sceau, nous leur auons accordé & accordons l'entree au contrerolle: & generallemét iouïront des autres droicts, priuileges, franchises & exemptions, dont iouïssent & ont accoustumé iouïr tous les autres Secretaires de nostredite Maison & Couronne, sans aucũs en reseruer, & tout ainsi que s'ils estoient specificquement declarez par le present Edit de creation perpetuel & irreuocable. SI DONNONS EN MANDEMENT à nostre tres-cher & feal Chancelier le sieur de Sillery, & a nos amez & feaux Conseillers les gés de nos Courts de Parlement, Chambre des Comtes, & Cour des Aydes à Paris,

Thresoriers generaux de France audit
lieu, & tous autres qu'il appartiendra,
de faire lire, publier & enregistrer ce-
stuy nostre present Edict sans aucunes
restrinctions ny modifications, & du
contenu en iceluy, iouyr & vser ceux
qui seront par nous pourueuz desdits
offices de nos Notaires & Secretaires
dudit nombre de vingt, & à eux obeir
& entendre de tous ceux, & ainsi qu'il
appartiendra és choses touchans & concernans leursdits offices : enioignant à
nos amez & feaux les grands audien-
ciers de France, Contreroolleurs generaux de nostre Chancellerie, & Procureurs de nosdits Notaires & Secretaires de faire enregistrer nostre present
Edict és registres des immatriculez de
ladite audience, & ceux qui seront par
nous pourueusdesdits estats à l'aduenir,
à la charge neantmoins qu'ils fournirõt
en nos parties casuelles, les sommes
ausquelles ils seront taxez par forme de
suppléement, pour subuenir à la neces-
sité des despences de cest estat. MAN-
DONS en outre à nos amez & feaux
Conseillers, les Thresoriers de nostre
Espargne,

Eſpargne, preſens & aduenir, ou autres
qu'il appartiendra, qu'ils ayent à payer
d'ores en-auant chacun an en l'annee
de leur exercice à ceux qui ſeront par
nous pourueuz, en vertu du preſent E-
dict, leſdits gages de trois cens liures ſur
leurs ſimples quittances, en vertu deſ-
quelles nous voulõs leſdits gages eſtre
paſſez & allouëz en la deſpence de leurs
comptes, par noſdits gés des Comptes,
auſquels mandõs ainſi le faire ſans difficulté. CAR TEL EST NOSTRE
PLAISIR, nonobſtant toutes lettres
Edits, ordonnances, reglemens & declarations au contraire, auſquelles &
aux derogatoires des derogatoires
nous auons pour le bien de nos affaires
derogé & derogeons par ceſdites preſentes, auſquelles affin que ce ſoit cho-
ſe ferme & ſtable a touſiours, nous a-
uons faict mettre noſtre ſeel. Donné à
Paris au mois de Decembre l'an de grace 1607. Et de noſtre regne le 19. Ainſi
ſigné Henry, & ſur le reply, par le Roy
Delomenie. Et plus bas Viſa, & ſcellees
en lacs de ſoye, ſur cire verte.

Leu, publié & regiſtré, ouy le Procureur general du Roy à Paris, en Parlement le 14. Iuillet 1608. Signé Du Tillet.

Leu, publié & regiſtré en la Chambre des Comptes, ſemblablement ouy & ce conſentant le Procureur general du Roy le 21. Iuillet 1608. Signé Bourlon.

Regiſtrees en la Cour des Aydes, ouy le Procureur general du Roy, à la charge que la cognoiſſance des differends qui interuiendront, pour raiſon des priuileges & exemptions des Secretaires mentionnez en ces preſentes, appartiendra à ladite Cour, priuatiment à toutes autres, ſuiuant les Edits & Ordonnances, à Paris le 21. iour d'Aouſt l'an 1608. Signé Bernard.

Les preſentes ont eſté regiſtrees ès regiſtres du greffe du Bureau des finances à Paris le 27. iour de Ianuier 1609. Signees le Febure, du Moulin, Hotman, & plus bas, par Meſsieurs, Paulet.

Duplicata dudict Edict auec l'adresse à
Messieurs du grand Conseil,
obmise au precedent.

HENRY par la grace de Dieu, Roy de France & de Nauarre, à tous presens & à venir, Salut. Encores que par nos lettres patétes en forme d'Edict donnees à Paris au mois de Iuillet dernier, & pour les causes & cõsiderations y contenues, nous ayons par l'aduis de nostre Conseil vny au domaine de nostre Courõne, tous les duchez, Contez, vicontez, Baronnies & autres terres & seigneuries de nostre ancien domaine, tenües & mouuantes d'icelle, & que parce moyen les officiers de nostre maison de Nauarre demeurent comme inutils, la function & l'exercice de leurs charges & offices leurs estás ostez & retranchez, Si est ce que nostre intention na point esté de mettre en oubly les bons & agréables seruices qu'ils nous ont rendus auant & depuis nostre auenement à la Courõne; tant en leurs

dites charges qu'en plusieurs autres oc-
casions esquelles ils nous ont tousiours
tesmoigné beaucoup d'affection & de
fidelité au bien de nos affaires & seruice , mais au contraire de leur donner
subiect de contentement autant qu'il
nous sera possible , soit par recompense
ou autrement , en sorte qu'ils n'ayent
aucune occasion de plaincte : ains de
côtinuer leur mesme affectiõ & fidelité.
Entre lesquels officiers nous auons iugé
& estimé estre à propos de pouruoir à
present aux Secretaires de nostredicte
maison de Nauarre & ancien domaine
vny, en les faisans & creans nos Conseillers, Notaires & Secretaires, maison
& Couronne de Fráce, aux mesmes gages de trois cens liures chacun par an,
à prédre sur la mesme nature de deniers
que celle de laquelle ils estoient payez
auant ladicte vnion , & leur accordant
l'entree au sceau & contrerolle de nos
grande & petites Châcelleries, sans toutesfois qu'ils puissent pretendre aucune
participation aux esmolumens dudict
sceau, en outre les faire iouir du priuilege des vingts annees, duquel iouissent

tous nos autres Secretaires, Maiſon &
Couronne de France, à commencer du
iour & datte de leurs lettres de prouiſiõ
expediees en noſtre Chancellerie de
Nauarre, & generallement de tous les
priuileges, droits, franchiſes, libertez,
authoritez, immunitez, pouuoirs, prerogatiues, & functions dont ioüiſſent &
ont accouſtumé ioüir tous leſdicts Notaires & Secretaires, Maiſon & Couronne de France : enquoy faiſant les autres Colleges de nos Secretaires, ne ſont
aucunement intereſſez, ains reçoiuent
à cauſe de l'vnion de noſtredit ancien
domaine, & de la grande eſtendue des
terres d'iceluy, beaucoup d'vtilité, tant
en l'augmétation de leurs functions que
des eſmollumens du ſceau. POVR CES
CAVSES & autres conſiderations à ce
nous mouuãs, apres auoir eu ſur ce l'aduis de noſtre Cõſeil, AVONS de noſtre
certaine ſcience, plaine puiſſance &
authorité Royale, par ce preſent noſtre
Edict perpetuel & irreuocable, creé,
erigé, & eſtably, creons, erigeons &
eſtabliſſons en tiltre d'offices formez,
le nombre de vingt nos Conſeillers,

Notaires & Secretaires, Maison & Couronne de France, prins de ceux qui se
trouuerõt cy deuant employez és estats
de nostredite maison de Nauarre, & qui
sont payez & seruent actuellement, aux
gages de trois cents liures chacun par
an dont ils seront payez sur toutes natures de deniers, & specialement sur ceux
qui prouiendront de nostredict ancien
domaine vny, par les Tresoriers & Receueurs qui en feront les receptes, sans
qu'il en puisse estre faict diuertissement
au preiudice dudict nõbre de vingt nos
Conseillers, Notaires & Secretaires,
Maison & Couronne de France, pour
ioüir par iceux de tous & chacuns les
droicts, profficts, esmollumens & reuenus, priuileges, honneurs, authoritez,
prerogatiues, preeminences, franchises, libertez, exemptions, immunitez,
droict d'hostellage & functions apar-
tenans ausdites offices, auec pouuoir
de faire toutes sortes d'expeditions ainsi
que tous nos autres Secretaires. Voulõs
aussi que la resignation de leursdictes
offices soit admise, sans payer aucune
finance, toutesfois & quantes qu'ils s'en

voudront demettre , Qu'ils ioüiſſent,
du priuilege des vingt annees , à com-
mancer du iour & datte de leurs proui-
ſions expediees en noſtredite Chancellerie de Nauarre , & qu'ils ayent droiɛ̃t
d'entree en nos grande & petites Chancelleries , aſſiſtance au ſceau, & en toutes aſſemblees & colleges de noſdiɛ̃ts
Notaires & Secretaires:& par priuilege
ſpecial , (encores qu'ils n'ayent aucune
participation aux bourſes & eſmolumés
dudit ſceau) nous leur auons accordé &
accordons l'entree au contreroolle : &
generalemēt ioüiront des autres droits,
priuileges, franchiſes , & exemptions
dont ioüiſſent & ont accouſtumé ioüir
tous les autres Secretaires de noſtredite
Maiſon & Couronne, ſans aucuns en
reſeruer, & tout ainſi que s'ils eſtoient
ſpecifiquement declarez par le preſent
Ediɛ̃t de creation perpetuel & irreuocable. Si donnons en mande-
ment à noſtre treſcher & feal Chan-
cellier le Sieur de Sillery, & à nos amez
& feaux Conſeillers les gens tenans noſtre grand Conſeil, chambre des Comptes, & Cour des Aydes à Paris, Tre-

soriers generaux de France audit lieu, &
tous autres qu'il appartiendra , de faire
lire , publier & enregiſtrer ceſtuy noſtre
preſent Edict ſans aucunes reſtrinctions
ny modifications, & du contenu en iceluy ioüir & vſer ceux qui ſeront par nous
pourueus deſdites offices de nos Notaires & ſecretaires dudit nóbre de vingt,
& à eux obeir & entendre de tous ceux,
& ainſi qu'il apartiendra és choſes touchans & concernans leurſdites offices,
enioignás à nos amez & feaux les gráds
Audianciers de France, Contrerolleurs
generaux de noſtre Chancellerie , &
Procureurs de noſdits Notaires & Secretaires, de faire enregiſtrer noſtre preſent Edict és Regiſtres des immatriculez de ladite Audience , & ceux qui ſeront par nous pourueus deſdits eſtats à
l'aduenir, à la charge neantmoins qu'ils
fourniront en nos parties caſuelles les
ſommes auſquelles ils ſeront taxez par
forme de ſuppleement pour ſubuenir à
la neceſſité des deſpenſes de cet eſtat.
Mádós en outre à nos amez & feaux Có-
ſeillers les Treſoriers de noſtre eſpargne
preſens & à venir , ou autres qu'il appartiendra

tiendra qu'ils ayent a payer dorefnauant
chacun an en l'annee de leur exercice
à ceux qui feront par nous pourueus en
vertu du prefent Edict, lefdits gages de
trois cens liures fur leurs fimples quittã-
ces, en vertu defquelles nous voulons
lefdicts gages eftre paffez & allouez en
la defpence de leurs Cõptes par nofdits
gens des Comptes, aufquels mandons
ainfi le faire fans difficulté, CAR TEL
EST NOSTRE PLAISIR : Nonobftãt
toutes lettres, Edicts, Ordonnances,
reglemens & declarations au contraire,
aufquelles & aux derogatoires des derogatoires, nous auons pour le bien de
nos affaires, derogé & derogeõs par ces-
dites prefentes : aufquelles affin que ce
foit chofe ferme & ftable à toufiours,
nous auons fait mettre noftre fceel.
DONNE à Paris au mois de Decembre,
l'an de grace mil fix cens fept, & de noftre regne le 19. ainfi figné, HENRY,
& fur le reply par le Roy, Delomenie,
à coté vifa, & feellé fur lacs de foye en
cire verte.

*Leues & publiees en l'audience du grand
Confeil du Roy, & enregiftrees és regiftres*

*d'iceluy, Ouy & consentant le Procureur
General, pour iouir par les impetrãs du contenu selon leur forme & teneur. Fait audit
Conseil à Paris, le dernier iour de Ianuier,
l'an mil six cens ~~dixhuict~~.*

Extraict des Registres du Conseil d'Estat.

SVR la requeste presentee au Roy en
son Conseil par les Secretaires du
Roy, maison & Couronne de France,
des vingt nouuellement creez, pris de
ceux qui estoient Secretaires de la maison de Nauarre & ancien domaine de sa
Majesté, à ce que conformement à leur
Edict de creatiõ fait par sadite Majesté,
a l'instar des autres Secretaires anciés,
il luy pleust à leur exemple & auec pareil pouuoir dont ils ont accoustumé
d'vser en leurs assemblees, composer vn
College formé dudit nombre de vingt
Secretaires, auec permission de s'assem-
bler en tels lieux & a tels iours qu'ils ad-
uiseront, pour traicter & deliberer des
affaires de leur compagnie, & establir
pour l'honneur d'icelle, tel ordre & ceremonies qu'ils iugeront conuenables,

& pouuoir de ſtatuer & ordonner tout
ce qu'ils trouueront eſtre vtile & ne-
ceſſaire pour le bië de leur compagnie,
LE ROY EN SON CONSEIL , ayant
creé ledit nombre de vingt Conſeillers,
Notaires & Secretaires à l'inſtar du nõbre ancien & college des ſix vingts ; de-
ſirant auſsi fauorablement traicter ledit nombre de vingt, ainſi que les Roys
ſes predeceſſeurs ont fait celuy deſdicts
ſix vingts, a formé & forme en vn corps
& college ledit nombre de vingt Conſeillers , Notaires & Secretaires de ſa
Majeſté, Maiſon & Couronne de France, auſquels il a permis & permet, auec
pareil pouuoir & authorité que le college deſdicts ſix vingts , de s'aſſembler en
tel lieu &tels iours que bon leur sëblera,
pour deliberer & reſouldre des affaires
qui ſe preſenteront, concernans ledict
college , & eſtablir pour l'honneur d'i-
celuy , l'ordre & les ceremonies , en tel
cas accouſtumées, VEVT ET ENTEND
SADITE MAIESTE' que lors que leſdits Secretaires , ſeront aſſemblez iuſ-
ques au nombre de douze , ils puiſſent
faire tels ſtatuts, reglemens & ordon-

nances qu'ils iugeront raisonnables &
necessaires pour la manutention & con-
seruation dudit college , sans que pour
raison de ce il leur soit besoin de prendre autres lettres que le present Arrest.
à l'obseruation & entretenement des-
quels statuts, reglemens & Ordonnances, lesdicts Secretaires dudit nombre
a present pourueus,& ceux qui leur suc-
cederont ausdicts offices , seront respe-
ctiuemét tenus entre eux. Fait au Conseil d'Estat du Roy, tenu à Paris le ving-
tiesme iour de Septembre mil six cens
huit, signé   FAYET.

Extraict des registres du Conseil d'Estat.

SVr ce qui a esté remonstré au Roy
en son Conseil par les vingt Secretaires de sa Maiesté & Couronne de
France, qu'ils ont esté creez à l'instar &
aux mesmes honneurs & priuileges que
les autres Secretaires de sadite Maiesté, neantmoins ayans enuoyé leurs cer-
tifications aux officiers du grenier à sel
de ceste ville de Paris, pour leur faire
deliurer pareille quantité de sel qu'ont

accoustumé de prendre lesdits Secretaires de sa Maiesté du college ancien,
pour la prouision de leur maison en
payant le prix du marchand seulement,
maistre Iean de Moisset adiudicataire
general des gabelles de France, auroit
empesché la deliurance dudit sel & formé opposition, requerant à ceste cause
& qu'il a ia esté iugé pour les vingt-six
Secretaires de sa Majesté, creez depuis
le bail dudit Moisset, qu'il pleust à sadite
Maiesté leur pourueoir: LE ROY EN
SON CONSEIL a ordonné & ordon-
ne que nonobstant l'opposition dudit
de Moisset, lesdits vingt Secretaires
nouuellement creez iouiroient du priuilege de prendre sel sans gabeler, pour
la prouision de leurs maisons, & pour
mesme quantité que les Secretaires de
sadite Maiesté de l'ancien college, qui
leur sera deliuré en payant le prix du
marchand seulement. Faict au conseil
d'Estat du Roy tenu à Paris le dernier
iour de Mars, 1609.

Signé   L'HVILLIER.